AF359065

LES RAVAGES DE L'AMOUR PROFANE,

FABLE

AVEC DES REFLEXIONS

morales & curieuses.

*Par M * * * **

Pour le mois de Janvier 1730.

A ROUEN,

Chez ABRAHAM VIRET, Imprimeur-Libraire,
ruë Senécaux, près S. Martin sur Renelle.

AVEC PERMISSION.

LETTRE
D'UN PROVINCIAL
à une Dame de ſes amies.

Otre Fabuliſte, MADAME, a voulu nous donner pour Etrennes un Apologue contre l'*Amour profane*. On ſait aſſez que ce Tiran eſt d'autant plus dangereux à la ſocieté, que ſous le ſpécieux prétexte des liaiſons qu'il n'y forme que trop ſouvent, il en affoiblit les neuds les plus reſpectables & les plus ſaints. Ce monſtre, ſous l'aparence trompeuſe de ces amitiez ennemies de Dieu (comme les nomme un Pere de l'Egliſe) y cauſe des bouleverſemens infinis. Singe funeſte de la charité (cette vertu celeſte qui par la corruption du ſiécle ſemble de plus en plus tomber dans l'oubli) il en emprunte les livrées, & ſous ces dehors reſpectables, il produit des maux ſans nombre. Il n'eſt donc point de matiere qui merite mieux l'attention des perſonnes vertueuſes que celles-là ; mais il n'en eſt point en

A 2

même-tems de plus difficile à traiter utile-
ment.

Quoiqu'il en soit, voici les réflexions que
nous avons faites sur un sujet si délicat. J'au-
rai l'honneur de vous dire, MADAME, sans
crainte de blesser votre modestie, qu'elles seroient superfluës, ces réflexions, si tous les
cœurs étoient formés sur un modéle aussi sage
que le vôtre. Infiniment superieure à ces
folies criminelles, après lesquelles on voit
courir tant d'adorateurs insensés du monde,
vos actions & vos discours ne respirent que
la vertu la plus pure, & la régularité la
plus exacte. Votre exemple, selon moi, est
plus efficace que toutes les réflexions imagi-
nables pour contenir dans le devoir les personnes qui ont l'honneur de vous aprocher.
Mais, comme cet avantage n'est pas à la
portée de tout le monde, ayez agreable de
recevoir ce petit Ouvrage, pour en faire part
à qui vous le jugerez à propos. Recevez, s'il
vous plaît, en même-tems, au commence-
ment de cette nouvelle année, de nouvelles
assurances du profond respect avec lequel j'ai
l'honneur d'être,

MADAME,

Votre très-humble & très-
obéissant serviteur,

****

FABLE HUITIE'ME.

LE SOLITAIRE ET LE CERF
de dix cors.

UN Quidan revenu des vanités du monde
Fut fixer sa demeure au fond d'une forêt.
La nature en ces lieux sembloit avoir exprès
Creusé, pour le loger, une grotte profonde,
Qu'ombrageoit en Eté un couvert sombre &
  frais.
  Un petit ruisseau tout auprès
Rouloit sur des cailloux le cristal de son onde.
  Là notre Solitaire en paix
  Savouroit des plaisirs parfaits.

  Charmé de ce desert sauvage,
Il voyoit chaque jour accourir au ruisseau
Les hôtes de ces bois revenant du gagnage.
Ce spectacle toujours lui paroissoit nouveau.

Il admiroit sur-tout la bonne intelligence
D'une harde de Cerfs qui vivoient très-unis.
De chez eux, disoit-il, tous débats sont bannis,
Point de bruit pour le pas & pour la préseance ;
Exemts des grands projets & de la prévoyance
Qui souvent aux mortels attirent tant d'ennuis,
Ils passent d'heureux jours, de plus heureuses
  nuits ;
  Et sans redouter l'indigence,
     A 5

Ils bondiſſent ſous ces gaulis.
Aucun d'eux , fier de ſa puiſſance ,
Ne défend à l'autre un taillis ;
Sans recourir aux Fleurs-de-lys ,
Sans Juges , Arrêts ni Sentence ,
Ils ont par-tout pleine licence ,
Les grands protegent les petits ;
Et , graces à la Providence ,
Tous ſe trouvent très-bien nourris.

Mais , vers le tems du Rut , notre bon Solitaire
        Parut , ce dit-on , fort ſurpris ,
De voir ces mêmes Cerfs , quittant l'air débon-
        naire ,
Devenir furieux , écumer de colere ,
Et pouſſer vers le ciel les plus énormes cris.

Là il voit le Papa , pour poignarder ſon Fils ,
Aiguiſer fierement ſa tête meurtriere :
Il voit le frere ici percer ſon propre frere ,
De leurs combats cruels une biche eſt le prix.
        Leur ſang coule ſur la pouſſiere.
Plus de parens , de voiſins ni d'amis.

Ah ! leur dit le reclus, que prétendez-vous faire ?
Quoi , contre vous ainſi l'un l'autre vous armer !
La nature , inſenſés , vous dit de vous aimer ,
        Et vous cherchez à vous défaire !

        Votre avis eſt peu de ſaiſon ,
Répond un Cerf dix cors , c'eſt à vous de vous
        taire ,
        L'amour n'entend point de raiſon.

De ce flambeau ſacré votre eſpece ſe pare ,
Et n'eſt , en pareil cas , pas plus ſage que nous.
Eſt-il crime odieux , eſt-il projet barbare ,
        Où l'on ne ſe porte chez vous ,

Lorſque cet enfant du Tenare
Vous rend d'un bel objet amoureux ou jaloux ?

Lé plus ſage alors devient foux ,
Du Chef le plus prudent Tiſiphone s'empare ;
Le Fils du Pere ſe ſépare ,
Le Pacifique entre en courroux ,
Le Heros devient lâche & moux ,
Et le Philoſophe s'égare.

Faites enfin réflexion
Que cette étrange paſſion
En un mois tout au plus chez nous eſt aſſouvie.
Chaſtes tout le reſte du tems ,
Nous vivons libres & contens ,
Au-lieu que votre eſpece à l'amour aſſervie ,
Sent ſes fureurs toute ſa vie.

Hyver , Eté , gémiſſant dans ſes fers
Vous les portés ſouvent juſqu'au-delà des mers.
Et vous , donneur d'avis , dans votre ſolitude
Peut-être éprouvez-vous ſa dure ſervitude ;
Loin donc de nous moraliſer ,
Tâchez de vous tranquiliſer.

REFLEXIONS.

LE nom d'Amour ſe donne communément à deux affections du
cœur très - opoſées dans leurs princi-
pes , dans leurs objets & dans les effets qu'elles produiſent ; l'une tire ſon
origine du ciel , elle eſt dans nos

ames l'ouvrage de l'Esprit saint. L'autre, toute terrestre, est un des fruits empoisonnez du premier crime. La premiere uniquement occupée de l'Etre suprème, met en lui toutes ses complaisances ; ou si elle s'attache à quelqu'objet créé, ce n'est que par l'ordre de son Dieu, en lui & pour l'amour de lui. La seconde au contraire volontairement plongée dans la fange, & la corruption se repaît sans cesse de sales chimeres & de fantômes déshonorans.

La premiere de ces affections brille, éclaire, délecte, échaufe, vivifie. La seconde brûle, stigmatise, rebute, calcine, consume. Enfin, la premiere rend dés cette vie l'homme heureux autant qu'il le peut être sur la terre, & le conduit paisiblement à ces torrens de volupté qui doivent l'enivrer pour jamais dans le ciel. La seconde, aprés avoir tiraillé, tourmenté, bourrelé ses esclaves dans cette vallée de larmes & de miseres, les précipite dans le gouffre ardent, pour y être éternellement les victimes de la justice de Dieu.

Il n'est donc encore une fois rien de plus oposé que ces deux especes d'amour, je veux dire, la charité, & l'amour profane. Le premier, loin d'être condamnable, est de toutes les vertus la plus noble, la plus épurée, la plus néceſſaire au ſalut. Que dis-je, toutes les autres vertus, ſans celle-ci, n'ont point de mérite réel devant Dieu. Quand je poſſederois toutes les Langues, dit S. Paul, & que j'aurois une éloquence angeli-que ; quand le Ciel m'auroit accordé le don de prophetie, l'intelligence de tous les myſteres & la clef de toutes les ſciences ; quand j'aurois aſſez de foi pour tranſporter les montagnes, pour diſtribuer tout mon bien aux pauvres, pour livrer mon corps à la torture & aux flâmes, ſans la charité tous ces talens ne produiroient chez moi qu'un bruit vain & inutile : *Factus ſum velut as ſonans aut cymbalum tinniens.* Sans la charité toutes ces lumieres ſeroient infructueuſes : *Nihil ſum.* Sans la charité toutes ces vertus ſeroient ſteriles & n'auroient aucune efficacité pour mon ſalut : *Nihil mihi prodeſt.* *1. aux Cor. ch. 13.*

C'eſt cette vertu ſalutaire que S. Jean recommandoit ſans ceſſe à ſes diſciples. C'eſt elle que l'Apôtre des Gentils apelle le lien de la perfection. C'eſt elle enfin, qui ſelon l'oracle ſorti de la bouche de Jeſus-Chriſt, la verité même, renferme la Loi & les Prophetes. *Ad Coloſſ. 3.*

Cet amour, qui d'un côté rend à Dieu ce que la créature lui doit à tant de ju-

stes titres , qui de l'autre rend au prochain ce que Dieu lui preſcrit ſous les
plus rigoureuſes peines ; cet amour, dis-
je , nous eſt indiſpenſablement ordonné
par ce précepte poſitif : *Tu aimeras le
Seigneur ton Dieu, de tout ton cœur,
de toute ton ame , de tout ton eſprit,
de toutes tes forces , & ton prochain
comme toi-même.* Voilà , dit le Sauveur
du monde , le premier & le plus grand
de tous les Commandemens. C'eſt à ce
prix , ajoute-t-il au Docteur de la Loi,
qu'on aquiert la vie éternelle : *Hoc fac,
& vives.*

Le ſecond amour au contraire , je
veux dire , l'amour charnel & terreſtre,
eſt une paſſion brutale & fougueuſe,
qui obſcurcit l'eſprit de l'homme , qui
corrompt ſon cœur , qui répand un venin mortel dans toutes les facultés de ſon
ame , qui rend ſes ſens hebetés , qui mine ſon corps, qui le perd & pour le tems
& pour l'éternité. C'eſt cette peſte infiniment contagieuſe qui déſole les ſocie-
tés les plus unies , qui détruit l'harmonie politique, qui répand dans le monde la plûpart de ces ſcandales horribles
pour leſquels le Sauveur l'a chargé de
malediction : *Væ mundo à ſcandalis.*
C'eſt cette yvreſſe malheureuſe , qui,
ſelon Plutarque , cauſe des entouſiaſmes

plus violens que ne l'étoient ceux de la Prêtresse de Delphes, ceux des Bacchantes, ceux des Sacrificateurs de Cybelle : *Quid tale aut tantum accidit Pythiæ, cum tripodem attigit ? Quemnam orgia agentium tibia, & magnæ matris carmina atque tympanum sic animo abalienaverunt ?* Enfin c'est de cette fureur tirannique dont on peut dire avec justice : [Plutar. de amore, p. 763. Versio Xilander.]

> *Tristius haud illo monstrum, nec sa-*
> *vior ulla*
> *Pestis, & ira deûm sttygiis sese ex-*
> *tulit undis.*

[Virg. Æn. l. 3.]

Il n'est point de si beau naturel que cette passion ne dérange en fort peu de tems, lorsqu'elle s'en rend maîtresse, point de genie qu'elle n'émousse, point de talent qu'elle n'affoiblisse, point de vertu qu'elle n'offusque. C'est un vrai délire, c'est une frénesie réelle dont les accès font que

> *Claudicat ingenium, delirat lin-*
> *guaque mensque.*

[Lucrece l. 3.]

Le Paganisme, malgré les tenebres épaisses dont il étoit environné, a sçu mettre une très-grande difference entre ces deux Amours, ou ces deux Cupidons, ainsi qu'il les apelloit. Le premier, ſelon Platon, eſt fils de Venus *Uranie*, ou Celeſte. Le ſecond, fils de Venus *Pandéme*, ou Populaire & Charnelle : Le premier, ſelon le même Philoſophe, fait tous ſes efforts pour nous unir à l'eſſence divine, dont il eſt le perpetuel admirateur. Il n'a rien que de beau, de ſpirituel, d'épuré. C'eſt un Dieu grand, bien-faiſant, merveilleux, qui ne ſe propoſe pour but que le vrai, le bon, l'honnête. Il eſt le pere de la paix, de l'union, de la politeſſe, des ſciences, des arts, en un mot, de tous les avantages qui forment les neuds de la ſocieté.

Ce fut pour cette raiſon que les Atheniens éleverent dans leur Academie la Statuë de ce Dieu, & qu'ils la dédierent à Pallas. Ils vouloient faire entendre par-là que quiconque a de l'amour pour les ſciences & les arts, y réuſſit infailliblement : cet amour lui faiſant ſurmonter courageuſement les travaux & les difficultés qui s'y rencontrent, puiſque comme dit S. Auguſtin : *Ubi amatur, ibi non laboratur, vel ſi laboratur, labor ipſe amatur.* Les habitans de Samos dédierent auſſi à ce Cupidon celeſte une Fête qu'ils apelloient la Fête de la liberté ; l'homme en effet ne ſe trouvant jamais ſi libre que quand il ſe détache des faux biens de la terre, pour vâquer à la contemplation des choſes celeſtes.

Il est vrai que les Payens prodiguoient aussi le titre de Divinité au second Cupidon fils de Venus Pandême , ou pour parler plus intelligiblement , à l'amour deshonnête & charnel. Mais en même-tems ils representoient ce Dieu comme le corrupteur de la sagesse , le séducteur de la vertu , le perturbateur de la societé , le fauteur des crimes les plus inoüis , l'instigateur des guerres, des meurtres , des sacrileges, le pere de l'ignorance, de la pauvreté , & de presque toutes les miseres qui désolent les humains.

Ce qu'il y a d'infiniment choquant dans la mytologie payenne, c'est qu'avec ces attributs si monstrueux & si peu proportionnés à l'idée que la lumiere naturelle peut nous donner de la Divinité , les Anciens sembloient regarder ce Cupidon comme le premier , le plus puissant & le maître de tous leurs Dieux, puisqu'il les soumettoit tous à ses loix obscenes & cruelles , & qu'il n'en étoit pas un entr'eux qu'il n'attachât à son char de triomphe , ainsi qu'un vil esclave.

En effet , si l'on en croit les Poëtes, leur Jupiter dans les cieux , environné de gloire , malgré les foudres dont ils le croyoient armé , ne pouvoit se garantir des traits de l'amour. Ce petit Dieu le

forçoit à son gré de soupirer pour de sim-
ples mortelles, & d'essuyer les métamorphoses les plus humiliantes pour assouvir
ses desirs déreglés. Neptune sous les on-
des éprouvoit le même sort. Et Pluton
jusques dans le triste séjour des Mânes
portoit les fers de Cupidon. La cuirasse de
Mars n'étoit point à l'épreuve des fléches
de ce Dieu malin. Il faisoit soupirer
Apollon dans son char lumineux. Il
brûloit les Tritons & les Nereïdes au
fond des gouffres de l'Ocean; & l'im-
petueux Borée, malgré toute son agilité,
ne pouvoit se mettre à couvert de ses
coups.

Virg.   *Borea penetrabile frigus adurit.*

Après des traits si marqués de l'empire de Cupidon sur les Dieux mêmes,
il ne doit point paroître étonnant que
les Héros du Paganisme se soient livrés
sans scrupule aux fureurs de cette fausse
Divinité. Aussi ces prétendus demi-
Dieux sembloient-ils tirer gloire de leur
foiblesse en ce genre. Peut-être ne sera-
t-on pas fâché d'en voir ici quelques
exemples. Ils sont tirez d'une des Odes
qu'un Poëte moderne a travaillées sur
differens sujets des Métamorphoses d'O-
vide.

Colchos admira ta victoire,
Vaillant & fortuné Jason !
Couvert d'une immortelle gloire ;
Tu conquis la riche Toison ;
Mais par les attraits de Medée
Ta genereuse ame obsedée
Devint sa conquête à son tour.
Et retournant en ta patrie ,
Tu remportas en Thessalie
Moins de gloire encore que d'amour.

† Vainqueur de l'horrible Gorgone , * *† Persée.*
Ton nom a monté jusqu'aux Cieux. ** Meduse.*
L'Univers pâlit & frissonne
Au bruit de tes faits glorieux.
Mais , devant vous , belle Andromede ,
Ce Héros se fixe , il vous cede
Les lauriers dont il est couvert.
De ce Conquerant intrepide
Vous bornez la course rapide.
Son cœur en esclave vous sert.

Minos , Athenes délivrée * ** Du Mi-*
Ne craint plus tes ordres cruels. *notaure.*
Le bras de son vaillant Thesée
Semble meriter des autels.
A sa valeur tout est possible.
Contre ce Guerrier invincible
Est - il quelque ferme rampart ?
Oüi , pour Ariane il soupire.
Saisi d'un amoureux délire ,
Lui - même il s'attache à son char.

Monstres , rentrez dans les tenebres !

Hercules s'arme contre vous.
Par mille victoires celebres
Bien-tôt il vous domptera tous.
Ainsi qu'un torrent il ravage
Tout ce qui s'offre à son passage.
La gloire prévient ses souhaits;
Mais enfin dans les bras d'Omphale
D'Alcméne il venge la rivale *
Et les Tyrans qu'il a défaits.

* *Junon.*

    Il n'étoit donc encore une fois aucune Divinité dont l'antiquité payenne vantât tant le pouvoir, qu'elle faisoit celui de l'Amour. Elle lui rendoit un culte religieux sous le nom de Venus & de Cupidon son fils. On lui dressa des autels à Paphos, à Cypre, à Salamine, à Cythere, à Amatonte, &c. Mais outre ces lieux où cette Déesse étoit particulierement reverée, on peut dire que les Poëtes faisoient profession de croire que sa Monarchie étoit universelle. Selon eux, dit un moderne, le ciel & la terre furent le partage de Jupiter; la mer, celui de Neptune; l'enfer, celui de Pluton. Mais Venus regnoit dans les trois mondes, toute la nature animée fut son lot.

Properce.   *Hic Deus & terras, & Maria alta domat.*

    Graces au ciel, les lumieres victorieuses de la vraie religion ont enfin dissipé ces ombres tenebreuses de divinités, que les hom-

hommes n'avoient inventées vraifembla-
blement que pour excufer leurs foiblef-
fes,& pour donner d'illuftres protecteurs
à leurs crimes ; les fanctuaires du vrai
Dieu fe font élevés fur les débris de ceux
de la Déeffe infame de Paphos & de fon
fils. On convient fans peine que les victimes qu'on leur immoloit étoient réellement des facrifices offerts aux Démons
fous ces noms empruntés. On eft perfuadé que Venus & Cupidon font des
êtres chimeriques qui n'ont jamais exifté
que dans l'imagination & dans les Ecrits
des Poëtes. En un mot, l'efprit humain
convaincu de la fatuité facrilege de ces
Idoles, y a volontairement renoncé pour
toujours.

Mais le cœur entraîné par cette pente
malheureufe qu'une naiffance criminelle
lui donne vers le mal, confumé au-de-
dans par le foïer ardent de la concupif-
cence, obfedé au-dehors par tant d'objets dangereux & féduifans ; le cœur, dis-
je, n'eft pas gueri à beaucoup près de la
paffion honteufe dont ces mêmes Idoles
fembloient faire l'apologie. Malgré la
pureté de la morale chrétienne, l'Amour
profane privé des fecours qu'il tiroit du
culte de Venus & de Cupidon, fe fou-
tient toujours par la feule dépravation
humaine. Il continuë de faire d'horri-

B

bles incurſions en tous Païs & en tous Etats. Il paroît même que ſes progrès & ſes triomphes ne furent jamais ſi prodigieux qu'ils le ſont aujourd'hui.

Son empire, dit un ingenieux Ecrivain, ne doit pas être diviſé comme la terre en cinq Zones, une torride, deux temperées, & deux froides. Toutes les Zones y ſont brûlantes, avec la ſeule difference du plus ou du moins. Son pouvoir ſe fait ſentir dans tous les coins du monde ; il ſe fait obéir dans les climats les plus glacez ; il n'eſt point d'Iſle ſi reculée où il ne faſſe porter ſon joug. Quelques particuliers, continuë le même Auteur, ſemblent aſpirer à l'indépendance. Ils s'engagent même par vœu à ne pas reconnoître ce Souverain ; mais ils ſont quelquefois ſes plus fideles ſujets. En un mot, il ſe jouë du lion, ainſi que du moinneau. Il n'épargne pas plus le hideux Poliphême, que le bel Acis. Les ravages qu'il cauſe ſont innombrables.

Non mihi ſi linguæ centum ſint, oraque centum,
Ferrea vox, omnes ſcelerum comprehendere formas
Poſſim.....

Et l'on peut dire avec autant de juſtice que jamais : *Omnia vincit amor.*

Qu'on ne s'imagine pas cependant que cette derniere propofition doive fe prendre dans toute fon univerfalité, & qu'il foit impoffible de fe dérober aux atteintes mortelles de cette fougueufe paffion. Mille & mille exemples refpectables de perfonnes de l'un & l'autre fexe, qui même au milieu des écuëils dont le monde eft rempli, confervent une pureté à l'épreuve de la calomnie la plus envenimée, font une preuve manifefte du contraire. Quel monftre l'homme foutenu par la grace ne peut-il pas combattre & terraffer ? Ne fommes - nous pas capables de tout entreprendre & de tout faire par le fecours de celui qui nous fortifie ; & quand la main du Tout-puiffant eft pour nous, qui peut tenir contre ?

Tout ce que j'ai donc voulu dire fe réduit précifément à ceci ; que l'amour déreglé eft une des paffions les plus for- [✝] midables que nous ayons à combattre ici-bas. Que c'eft-là fur-tout cette bête furieufe, ce lion rugiffant, qui fans ceffe rode autour de nous, cherchant à nous dévorer, que les defordres affreux & fans nombre qu'il caufe continuellement fous nos yeux, doivent nous convaincre qu'il n'eft point d'état, point de rang, point d'âge, point de tems, point de lieu qui puiffent nous mettre à l'abri de fa tiran-

1. Pet. 5.

nie ; & que par conféquent nous devons
fans ceffe être en garde contre fes fug-
geftions perfides. Point d'alliance, point
de tréves , point de fécurité avec un ennemi fi féduifant & fi dangereux.

Tout le monde paroît adopter ces ve-
rités dans la theorie ; mais il s'en faut
beaucoup que tout le monde les fuive
dans la pratique. L'inexperience & l'é-
tourderie de la jeuneffe, la fougue &
l'impetuofité d'un âge plus avancé, l'in-
dolence & la préfomption de la vieilleffe , le torrent du luxe & du mauvais
exemple, la licence effrenée des conver-
fations & des fpectacles , l'inondation
des romans tendres & des libelles empoi-
fonnés , où l'amour eft reprefenté fous
les dehors les plus attrayans & les plus
flâteurs ; tout cela joint à la corruption
generale du cœur humain, groffit tous
les jours le nombre des cataftrophes
épouvantables , qui font les fuites prefque néceffaires de cette dangereufe paffion.

Il femble cependant que pour peu que
quelqu'un voulut ferieufement faire ufa-
ge de fa raifon , il fufiroit de lui peindre
ce cruel tyran du cœur , tel qu'il eft en effet. Pour l'en degôuter , pour lui en infpirer même de l'horreur, tâchons donc
d'ébaucher ce portrait fi intereffant ; &

pour y réuffir, fervons-nous des emblê-
mes fous lefquels les anciens avoient
coutume de reprefenter leur Cupidon.
Rien ne me paroît plus propre à faire
connoître à fond le vrai caractere de l'A-
mour profane , & par confequent à en
infpirer de l'averfion.

Les fimulacres de Cupidon reprefen-
toient un jeune enfant , beau de vifage
à la verité & d'un charmant coloris ,
mais aveugle. Il étoit abfolument nud ,
& portoit de petites aîles aux épaules ;
d'une main il tenoit un arc , de l'autre
un flambeau ardent ; un carquois plein
de fléches pendoit à fon côté. Il avoit
pour fuite les douleurs , les inimitiés , la
fiévre &c. Pefons ces fymboles l'un après
l'autre , voïons en peu de mots ce que
le paganifme a voulu leur faire fignifier ,
& fi réellement ils conviennent à l'efpece
d'Amour dont il eft ici queftion.

L'Amour, chez les Payens, étoit re-
prefenté fous la figure d'un jeune enfant, *Premier Symbole de l'Amour.*
tendre & délicat , pour aprendre à tout
l'Univers que cette funefte paffion ravit
au fage fa prudence & fa raifon ; au
Philofophe fes lumieres & fes refléxions;
au heros fa bravoure & fon intrepidité.
Qu'elle amolit le cœur ; qu'elle trouble
les fonctions de l'ame ; qu'elle engourdit
l'imagination ; qu'elle fait bégayer l'élo-

quence même. En un mot qu'elle plonge dans une espece d'enfance honteuse & méprisable, les plus grands hommes, lorsqu'ils sont assez malheureux pour se livrer à ses sales transports.

Qu'on ne s'imagine pas que les premieres couleurs de ce portrait soient des exagerations d'Orateur : rien de plus ordinaire que ces tristes métamorphoses operées par l'Amour. Contentons-nous d'un exemple des plus éclatans.

Fut-il jamais Prince plus sage que Salomon ? Fut-il jamais Philosophe plus éclairé ? Voici le temoignage que Dieu même rend à ce Monarque si favorisé du ciel. Je vous ai donné, selon vos défirs, un cœur sage, une vaste intelligence ; de sorte que jamais Prince jusqu'ici ne vous égala, & que jamais mortel par la suite ne poura vous être comparé : *3. Reg. 3. Dedi tibi cor sapiens & intelligens, in tantum ut nullus ante te similis fuerit, nec post te surrecturus sit.*

tb. 4. Salomon, dit encore l'Historien sacré, surpassa en prudence tous les Potentats de l'Orient, de l'Egypte, de l'Univers. Il mit au jour un nombre prodigieux de Vers sententieux & de paraboles. Il expliqua les proprietez de toutes les plantes des animaux, des oiseaux, des reptiles, des poissons, la nature étoit ſans voiles pour ce grand genie. Tous les maîtres du monde ſe faiſoient gloire d'envoyer des Ambaſſadeurs à la Cour du Roy d'Iſraël, pour y puiſer la ſageſſe, & admirer ſa magnificence. La Reine de Saba accourt au bruit de tant de merveilles. Elle le regarde comme un prodige au-deſſus de l'humanité, elle eſt forcée d'avoüer que la renommée de ce Prince eſt encore infiniment au-deſſous de ſon merite. *Major eſt ſapientia tua quàm rumor quem audivi.* 3. Reg. 10.

Après des éloges ſi magnifiques & ſi juſtement merités, qui ne s'attendroit pas de voir ce Cedre du Liban porter de plus en plus ſa cime dans les Cieux? Mais non, la cataſtrophe horrible de ce Prince eſt trop averée pour pouvoir en douter. Les femmes, dit le S. Eſprit, corrompirent ſon cœur : *Averterunt mulieres cor ejus.* 3. Reg. c. 11. Ce cœur ſi grand, ſi noble, ſi genereux; ce cœur, qui, pour ainſi dire, étoit le chef-d'œuvre du Tout-puiſſant, devient l'eſclave de l'amour. Eh ! dans quel tems ? Eſt-ce à la fleur de ſon âge, dans ce tems de criſe, où la vigueur du temperamment livre à l'ame des aſſauts ſi dangereux ? Non, c'eſt dans ſa vieilleſſe : *Cumque eſſet jam ſenex, depravatum eſt cor ejus per mulieres.* Ibid.

Quel ſpectacle de voir ce Monarque,

devant la sageſſe duquel toute la terre
avoit fléchi le genou , tomber dans une
enfance honteuſe & criminelle , languir
dans une moleſſe indolente & puerile ,
ternir la gloire d'un régne ſi éclatant par
une vieilleſſe molle & effeminée , s'enſe-
velir tout vivant dans un Serrail de ſept
cens femmes & de trois cens concubi-
nes ! Adopter toutes les illuſions , toutes les réveries , toutes les extravagances
des objets de ſa paſſion , perdre la memoire de tant de bienfaits , dont la main
liberale de ſon Dieu l'avoit comblé ; oublier abſolument les menaces par leſ-
quelles ſon bienfaiteur avoit voulu pré-
venir ſa chute ; élever des Autels à
Aſtarté , à Moloch , à Chamos , &c.
Entendre enfin de la bouche de ſon
Dieu juſtement irrité : *Diſrumpens
ſcindam regnum tuum , & dabo il-
lud ſervo tuo.* Je vais partager ton
Royaume & le donner à ton ſerviteur.
Voilà la premiere récompenſe des eſ-
claves de cet enfant dont les regards
paroiſſent ſi doux & ſi innocens. Il fait
perdre l'eſprit & le jugement aux plus
ſages. Il ôte la memoire & la raiſon aux
plus ſenſés.

L'Amour n'eſt pas moins dangereux à
l'égard des Héros qu'il l'eſt pour les Sages & les Philoſophes ; on a ſouvent vu
la

ſa bravoure des plus grands Conque-
rans échouer contre un des regards de
cet enfant perfide , il ſçait faire un mou-
ton du tigre le plus redouté.

Combien voyons-nous dans l'Hiſtoire
d'exemples de ces foudres de guerre , qui
couverts de ſang & de carnage , les yeux
étincelant de rage & de fureur, ont perdu leur barbarie à l'aſpect d'un viſage
délicat & fleuri , d'un ſoûris gracieux,
d'une minauderie bien concertée ?

Pyrrhus au ſac de Troye, fait un va-
carme épouvantable , il égorge Priam
dans le Temple de Jupiter Hercéen ; il
précipite du haut d'une tour le petit
Aſtianox ; il immole Polixene ſur le tom-
beau de ſon pere ; il fait marcher ſur ſes
pas la vengeance, la terreur & la mort.
Qu'arrive-t-il enfin ? La belle Andro-
maque ſe preſente à ſes yeux ; dans l'in-
ſtant même , ce lion furieux perd ſa fero-
cité ; Pyrrhus s'attendrit ; il ſe charge
des fers de ſon eſclave , il ſoupire, il fait
l'enfant , il l'épouſe.

Combien de Grands Capitaines ,
après s'être aquis une gloire immortelle
par leur valeur , ſe ſont enfin perdus,
en ſe livrant aux foibleſſes de l'Amour.
Marc-Antoine dans un combat qui doit
décider de ſon ſort, voit fuïr Cleopatre *Actium*
ſa maîtreſſe. Alors ſa prudence & ſa

C

bravouvre l'abandonnent ; il ne confulte plus ni fa gloire ni fes interêts ; il fuit honteufement l'idole de fon cœur ; il laiffe à l'armée triomphante de Cefar tout l'honneur & tout l'avantage de cette grande journée. Bientôt après défefperé , fans troupes , fans fecours, il eft contraint de fe donner la mort.

Combien de Heros indomptables par la force des armes ont eux-mêmes borné le cours de leurs conquêtes , en fe livrant trop à la fenfibilité de leur cœur ? Quels avantages Henry le Grand n'auroit-il pas tiré de la journée de Couftra , fi fuivant les avis du Prince de Condé , il avoit voulu profiter de fa victoire ? Mais la paffion qu'il avoit conçuë pour une belle Dame de Gafcogne , endort fa valeur en *Mezeray Abregé Chronolog. Tom. 6.* ce moment. Il préfere le plaifir de s'aller rendre auprès l'objet de fon amour , aux fruits glorieux que lui préfente la bataille qu'il vient de gagner.

Quelle cacade rifible ! quel contrafte inconcevable ! Ici vous voyez le redoutable Mars mettre tout à feu & à fang, fubjuguer des Provinces entieres , fans leur donner le tems de fe reconnoître , fe faire une efpece de jeu d'abattre à fes pieds les Potentats & les Geans. Là vous apercevez ce même heros les yeux baignez de larmes , le cœur gros de foupirs, fai-

re le doucereux & le mignard auprès de
Venus, se laisser prendre comme un ni-
gaut dans le même filet avec elle, & dans
cet état servir de jouet & de risée à tout
l'Olympe. Ici vous voyez Hercules
effrayer l'Univers par l'intrépidité de son
courage & par la force inouïe de son bras.
Là vous voyez ce domteur de monstres
troquer sa massuë contre une quenouil-
le, & deshonorer cette main accoutu-
mée aux miracles, en lui faisant tourner
honteusement le fuseau de la belle Omphale. Quelle chute encore une fois!
quelle disparate !

Avant que de pousser plus loin l'é-
bauche de notre portrait, je ne puis me
dispenser de faire ici deux petites réflexions. La premiere, c'est qu'on a remarqué de tout tems que presque tous
les grands Héros ont été de complexion
amoureuse, & que cette passion souvent
leur a fait faire des fautes irréparables.
Ce qui a fait dire à un Poëte moderne :

> Orgueilleux maîtres de la terre,
> Un enfant borne vos exploits.
> Redoutables foudres de guerre,
> Vous êtes soumis à ses loix.
> En vain par l'effort de vos armes,
> Semant en tous lieux les allarmes,
> Vous faites trembler l'Univers.
> Au milieu des honneurs suprêmes,
> Vos sceptres & vos diadêmes
> Ne vous sauvent point de ses fers.

Il y a même plus , on a remarqué qu'en general les femmes ambitieuses n'ont pas été si sujetes à cette passion que les hommes. Il semble que les grandes affaires les élevent au-dessus des foiblesses du cœur. C'est ainsi, selon Tacite , qu'Agrippine poussée par le desir ardent de régner , se mît au-dessus des bagatelles qui font ordinairement l'occupation de son sexe ; & qu'elle ne se livra qu'à des desseins mâles & genereux: *Agrippina æqui impatiens, dominandi avida , virilibus curis fœminarum vitia exuerat.* C'est ainsi que la fameuse Elizabeth Reine d'Angleterre , malgré tout ce qu'on a dit des Comtes de Devonshire, de Leïcestre, d'Essex, &c. ne fut jamais esclave de l'amour , & qu'au contraire les aparences de cette passion lui servirent toujours de manteau & de prétexte pour mieux couvrir ses vuës politiques.

Ma seconde reflexion , c'est que de tout tems l'orgüeil humain a tâché de rejetter sur des causes étrangeres & très-innocentes , la passion de l'Amour, & par conséquent toutes les sotises qu'elle a fait faire. C'est ainsi qu'on entend quelquefois dire de sang froid à un jeune homme qui se deshonore pour plaire à quelque coquette dont il est entêté : Il y

Annal. l. 6. ch. 25.

à quelque chose de surnaturel à ceci. Je ne suis point le maître de résister à la fureur qui m'entraîne. Cette personne m'a ensorcelé.

On va même chercher des excuses jusques dans le firmament. Cette femme, dit-on, a causé un scandale épouvantable par sa vie débordée. Mais est-ce sa faute ? a-t-elle pu vaincre l'ascendant malheureux qui l'a précipitée dans le libertinage ? Il faut s'en prendre à la malignité de son étoile. Contes à dormir debout.

Il me semble entendre les habitans d'Halicarnasse rejetter sur les eaux de Salmacis leur incontinence & leur déreglement. Il est étonnant combien les Poëtes ont diffamé cette pauvre fontaine, qui certainement n'avoit aucune part à la brutalité de ceux qui en faisoient usage.

Quisquis in hos fontes vir venerit, exeat inde Métam. l. 4.
Semivir, & tactis subito mollescat in undis.

dit Ovide. Et en un autre endroit,

Cui non audita est obscœna Salmacis L. 15. *unda ?*

Mais Strabon fait sur ceci une reflexion très - judicieuse. Les personnes, voluptueuses, dit-il, pour se mettre à couvert du reproche d'incontinence, imputent aux élemens ce qui ne procede que du mauvais usage qu'elles font de leurs richesses. Elles se livrent sans mesure à la bonne chere, aux divertissemens, à la débauche; cette conduite les rend impudiques, & on ose en accuser l'air & l'eau. Illusion! Réverie! *Enim verò luxuriæ hominum videtur in aëris & aquæ temperiem culpam rejicere: atqui non hæc causam luxuriæ præbent, sed divitiæ, & victus intemperans ratio.*

Strabon l. 14. pag. 451.

Disons-en autant à nos prétendus ensorcelés; à ces gens qui veulent nous faire croire que les étoiles, si pures par elles-mêmes, les précipitent dans les bourbiers de l'Amour. Vous vous moquez de nous, à d'autres; les astres n'entrent pour rien dans vos desordres. Tout le sortilege qui vous agite est dans votre cœur naturellement corrompu, & dont vous travaillez continuellement à nourrir les passions au-lieu de chercher à les éteindre. Votre étoile maligne n'est point hors du district de votre robe. Vous portez votre tentateur avec vous-même: *Diaboli virtus in lumbis est,* dit S. Jerôme. Laissez le Ciel en repos, & songez à réprimer vos propres apetits.

Revenons à notre portrait.

L'Enfant, sous la figure duquel les Anciens avoient coutume de represen-ter l'Amour, étoit absolument nud; or cette nudité n'étoit pas sans mysteres à beaucoup près.

Premierement, elle marquoit le peu de modestie de l'Amour, disons mieux, elle marquoit son impudence. L'Ecriture sainte nous aprend que si-tôt qu'Adam & Eve eurent mangé du fruit défendu, l'aspect de leur nudité leur devint insupportable, & que pour se couvrir ils se firent à la hâte des ceintures de feuilles de figuier cousuës ensemble. Elle nous aprend encore que le Créateur ayant apellé Adam dans le Paradis terrestre, cet homme pecheur lui répondit : Seigneur, j'ai entendu votre voix dans le Jardin ; mais j'ai eu honte de paroître devant vous, parce que j'étois nud, & je me suis caché. L'horreur de la nudité est donc un sentiment naturel à l'homme depuis sa prévarication ; & l'on peut dire des personnes qui ont étouffé ce sentiment, qu'elles sont parvenuës au dernier periode de l'effronterie.

Gen. c. 3.

C'est pour cela que de tout tems on a regardé d'un œil d'exécration certaines Sectes monstrueuses qui sembloient se faire gloire de se produire sans aucuns habillemens. Tels étoient les Ciniques dans le Paganisme. Tels ont été depuis les Adamites, les Turlupins, les Picards, quelques Anabâtistes, &c. contre lesquels avec justice toutes les Puissances se sont réunies pour éteindre, s'il eût été possible, jusqu'au nom de ces Sectaires abominables.

C'est encore pour cela que dans les Républiques sages & dans les Etats bien civilisés, on a tâché d'inspirer au sexe feminin, dont la modestie doit être le caractere propre & principal, une veritable horreur pour les nudités en peinture. Il est vrai que la curiosité naturelle à ce sexe, l'a fait soupçonner de donner quelquefois l'entorse à de si sages réglemens, même par raport aux nudités originales.

C'est ce que la Bruyere reproche très-délicatement aux Dames de Paris. Tout le monde, dit-il, connoît cette longue levée, qui borne & qui resserre le lit de la Seine du côté où elle entre à Paris avec la Marne qu'elle vient de recevoir. Les hommes s'y baignent au pié pendant les chaleurs de la canicule ; on les voit de fort près se jetter dans l'eau ; on les en voit sortir ; c'est un amusement. Quand cette saison n'est pas venuë, les femmes de la Ville ne s'y promenent pas encore,

Caract. ou Mœurs de ce Siécle, p. 268. & 69. Edit. de Paris, 1694.

& quand elle est passée, elles ne s'y promenent plus.

Je ne sçai trop comment des personnes si curieuses se seroient accommodées d'une loi que les Romains donnerent autrefois. La modestie, dont leur République faisoit gloire, les avoit portés à suivre la coutume de l'ancienne Grece dans la celebration des Jeux Olympiques, je veux dire, qu'ils donnoient à leurs Athletes une large ceinture, qui dans les differentes attitudes qu'exigeoient leurs combats, les empêchoit de blesser la pudeur & la bienseance. Les Lacedemoniens furent les premiers qui abolirent une coutume si sage. La supression de cette ceinture des Athletes engagea les Romains à porter des loix, par lesquelles ils condamnoient à être précipitées du haut d'un rocher toutes les femmes qui auroient la curiosité ou la hardiesse de se fourrer aux spectacles des Jeux Olympiques. Encore une fois, je ne sçai comment se seroient accommodées de cette loi les partisannes des promenades de la porte S. Bernard.

Denis d'Halicar. l. 7. c. 66.

Pausan. l. 5. ch. 6.

Enfin ç'a été pour nous montrer combien la lumiere naturelle nous inspire d'aversion pour la nudité, que dans tous les siécles on a invectivé contre les femmes qui n'étoient pas assez soigneuses de se tenir modeſtement couvertes. C'eſt ainſi que le Poëte Ibicus railla cruellement les Dames de Lacedemone , & qu'il leur donna une épitete flétriſſante qu'elles ont toujours conſervée depuis ce tems-là , c'eſt celle de *Phœnomerides* , montrant leurs cuiſſes , parce que , naturellement coquettes, elles portoient des robes ouvertes par les côtés , & qu'en marchant il étoit comme impoſſible qu'elles ne choquaſſent la pudeur. Ne pourions nous point dire en paſſant que les Panniers énormes dont les Françoiſes ſont aujourd'hui ſi fort entêtées , ne ſont gueres plus modeſtes que les robes des Lacedemoniennes , & que pour peu que cet ajuſtement ſi bizare aille encore en augmentant , comme il a fait juſqu'ici , il eſt à craindre pour nos Dames du grand air qu'elles ne s'attirent bien-tôt auſſi le ſurnom de *Phœnomerides*. Avançons.

Non-ſeulement la nudité des ſimulacres de Cupidon marquoit ſon impudence ; mais elle avertiſſoit encore de ſon indiſcretion. L'Amour eſt un enfant qui dit tout nuëment ce qu'il ſçait & ce qu'il penſe. C'eſt un cauſeur , c'eſt un babillard impitoyable , qui ne ſauroit tenir caché ce qu'on a l'imprudence de lui confier. Il ne garde pas ſes propres ſecrets, comment pouroit-il garder ceux des autres ?

(35)

En effet est-il rien de si sacré, de si in-
violable, qu'un amant le puisse celer à
l'objet de sa passion, ou une maîtresse à
son favori ? Le moyen le plus sûr d'éven-
ter les secrets de quelqu'un, n'est-il pas
de lier des correspondances avec les com-
plices de ses galanteries ? Quels malheurs les indiscretions de l'amour n'ont-
elles point causé dans tous les tems ?
Sans nous arrêter à une infinité d'exemples mémorables, par lesquels la Fable &
les Histoires profanes démontrent invin-
ciblement combien l'amour est indiscret ;
contentons - nous d'un seul trait , tiré
d'une source beaucoup plus respectable,
c'est celui de Samson.

Cet illustre Hebreu est choisi de la part
de Dieu même pour délivrer son cher
peuple de la tyrannie des Philistins. Rien
de plus extraordinaire & de plus miracu-
leux que la naissance & la vie de ce per-
sonnage. Le Seigneur lui choisit pour Juges c.13.
mere une femme qui jusqu'à ce jour & suiv.
avoit été sterile. Un Ange par deux fois se
montre à cette femme. Il lui annonce les
desseins de Dieu sur elle ; il lui défend
l'usage du vin , de la biere & de toute
autre chose immonde. Il déclare Naza-
réen , c'est-à-dire , consacré au Seigneur
le fils qu'elle enfantera.

Cet enfant merveilleux vient au monde dans le tems marqué ; il se trouve par la suite d'une force de corps incroyable ; il ose attaquer un lion , il le déchire en morceaux ; il consume les moissons & les vignes des Philistins, en y lâchant trois cens renards , à la queuë desquels il attache des flambeaux allumés. Arrêté par ses ennemis, il brise les chaînes dont ils l'ont chargé, il tombe sur eux , il en tuë mille , armé d'une machoire d'âne. Fait prisonnier dans Gaza , il arrache les portes de cette Ville avec leurs gonds & leurs serrures , il les charge sur ses épaules , il les transporte sur une montagne voisine.

La suite de cette Histoire est trop connuë pour qu'on s'arrête à la détailler. Samson pour son malheur devient éperduëment amoureux de Dalila. Cette femme perfide , gagnée par les promesses des Philistins, met tout en œuvre pour savoir de son amant en quoi consiste sa force extraordinaire. Par trois fois il la trompe, & par trois fois il doit connoître clairement que le dessein de cette malheureuse est de le perdre. Cependant elle redouble ses caresses & ses plaintes. Elle feint une maladie causée par le peu de confiance de Samson , il la croit mourante. Sa discretion ne peut tenir contre un objet si touchant. Il lui revele enfin ce secret si important à sa gloire , au falut de fon païs , à la confervation de fa propre vie. Dalila le trahit. Il tombe entre les mains des Philiftins . Ils lui crévent les yeux ; & tout ce qu'il peut faire de plus honorable dans la fuite, c'eft de s'enfevelir avec fes ennemis fous les ruïnes du bâtiment où ils s'étoient affemblés pour l'infulter.

Enfin la nudité des fimulacres de l'Amour étoit un Hyeroglife parlant , dont les anciens fe fervoient pour avertir les hommes que cette paffion eft une de celles qu'on peut regarder comme les plus ruïneufes , & qui conduifent le plus fûrement à l'Hôpital. Cette verité eft trop conftante , elle eft démontrée par des exemples trop marqués & trop fréquens, pour qu'on fe croïe obligé d'en entreprendre la preuve. Paffons aux autres Symboles.

Le troifiéme Symbole de l'Amour, felon les Anciens , étoit l'aveuglement dans tous fes fimulacres & fes portraits ; il avoit un bandeau fur les yeux. Or jamais embleme ne peignit mieux le caractere de cette paffion infenfée.

Troifiéme Symbole de l'Amour.

N'eft-ce pas à l'aveuglement de l'Amour en effet qu'il faut attribuer ces goûts bizares, qui tous les jours donnent lieu à des fcenes fi ridicules dans le monde ? Je dis dans le grand monde, car ce lui-ci eſt ſans contredit beaucoup plus extravagant ſur cette matiere , que le commun du peuple.

Rien de plus ordinaire , par exemple , que de voir un homme de condition époux d'une femme aimable , ſpirituelle, vertueuſe, attentive à lui plaire, s'en dé-goûter & porter ailleurs ſes feux crimi-nels. Cet autre objet ſans doute , me direz - vous , efface le merite de ſon épouſe par des graces beaucoup plus parfaites : point du tout. C'eſt ſouvent une perſonne ſans naiſſance , ſans édu-cation , d'une figure mediocre , d'une conduite au moins très-équivoque , qui pour tout merite n'a qu'un eſprit artifi-cieux & ſéduiſant, des careſſes affectées, des airs moux & laſcifs ; en un mot , tou-tes les façons de la coquetterie , ou pour mieux dire , tout ce qui ſuffiroit pour la faire haïr ſouverainement , ſi celui qu'el-le a pris dans ſes lacs, n'étoit pas aveugle au-delà de tout ce qu'on peut dire.

Cet homme , je le ſupoſe, outre l'é-clat que lui donne ſa naiſſance, eſt revê-tu d'un emploi grave & reſpectable, qui le donne en ſpectacle à toute une grande Ville , à toute une Province , à tout un Royaume. Chacun eſt étonné de le voir ſe deshonorer par un commerce de cette eſpece ; tout le monde en gloſe, il eſt l'objet de la fatyre publique. Lui feul né s'aperçoit point du travers qu'il a pris ; au contraire, il trouve ce commerce enchanté ; il s'aplaudit de fa bonne fortune. Pour donner des preuves fenfibles de fa tendreffe à fa belle, il tombe dans une profufion étonnante. Ce font des apartemens fuperbement meublés, des équipages magnifiques, des habits de toutes efpeces, des bijoux fans nombre, des cadeaux fans fin ; & tout cela fouvent pour une perfide qui le jouë, pour une traîtreffe, qui ayant toujours une main ouverte pour recevoir fes prefens, les redonne de l'autre aux favoris qu'elle a fçu fe choifir, pour lui aider à ruiner fa dupe.

En vain, pour le tirer de fon erreur & rompre le bandeau fatal qui l'aveugle, des amis finceres ofent en fecret lui faire une peinture naturelle de fon idole, en lui reprefentant & la médiocrité de fes attraits, & la perfidie de fon efprit, & les defordres de fa conduite. Il regarde comme des effets de la mauvaife humeur & de la calomnie tous les défauts qu'on lui reproche fi juftement. Tout ce qu'on peut lui dire fur cet article ne fert qu'à l'enflâmer davantage. Ce crapau eft à fes yeux malades une Venus pour la beauté, une Minerve pour l'intelligence, une Diane même pour la fageffe.

Quisquis amat ranam, ranam putat esse Dianam.

N'est-ce pas encore à l'aveuglement inoüi de l'Amour qu'on doit attribuer la fureur de ce jeune pupille, que des parens destinoient à un établissement honorable, sensé, utile, & qui par son caprice se détermine en faveur d'une soubrette, d'une comedienne ; que sçai-je moi, d'une personne de la lie du peuple, parce que deux yeux bien fendus, une peau fine & délicate, des façons étudiées l'ont enchanté ? Sa famille offensée d'un pareil choix, s'y opose de toutes ses forces. Loin de reconnoître son erreur, la résistance irrite sa passion ; il crie, il tempête, il se plaint de ce que la prudence des loix ne lui permet pas de se deshonorer par un mariage ridicule de toutes façons ; il sollicite, il pousse, il presse. Enfin, devenu majeur, il triomphe de ce qu'il a la liberté de se casser le cou, de se ruiner sans ressource, d'être le sujet des vaudevilles & la fable de son canton.

Enfin n'est - ce pas à l'aveuglement de l'Amour qu'il faut attribuer ces funestes sympaties, ces panchans malheureux, ces attraits invincibles, pour ainsi dire, que sentent quelquefois l'un pour

l'autre

l'autre des personnes entre lesquelles la naiſſance & la fortune ont mis de ſi grandes diſproportions, que ſans une eſpece de miracle, il eſt impoſſible qu'ils puiſſent jamais ſe voir unis enſemble. Sans m'arrêter aux malheurs que cette fatale mépriſe de l'amour cauſa au pauvre Ovide, trop épris des graces de Julie, ni aux ſcenes tragiques que cette aveugle paſſion produiſit dans la Famille Royale de Philippe le Bel, je me contenterai de raporter ici un ſeul exemple tiré de l'Hiſtoire d'Allemagne; trait d'autant plus mémorable, qu'il s'eſt paſſé dans la Cour, au milieu du Palais, & pour ainſi dire, ſous les yeux du plus grand Empereur qui fut jamais.

Charlemagne avoit un Secretaire d'un mérite très-diſtingué, c'étoit le fameux Eginhart; ſavant, grand politique, inſinuant, infiniment attaché aux interêts de ſon maître, il n'eſt pas étonnant que bien-tôt il devint ſon plus cher Favori; doux, complaiſant, affable, bienfaiſant, il ſçut gagner encore l'eſtime des Grands de la Cour; en un mot, il parvint à ce point ſi difficile de ſe faire aimer du Monarque & de tous les Etats de l'Empire. On comprend aſſez que cette ſituation d'Eginhart étoit le periode le plus flâteur auquel un homme de fortune puiſſe jamais arriver.

D

L'amour, l'aveugle amour, vint bientôt troubler sa félicité & le porter à deux doigts de sa ruine. Un trait parti de la main de Cupidon va percer le cœur de ce Courtisan, jusques-là si sage & si maître de ses actions. Eginhart devient éperduëment amoureux. Et de qui ? D'Ima fille de l'Empereur. D'abord il est effrayé lui-même de sa temerité. Le respect qu'il a pour son maître & pour une si grande Princesse, le force de rester dans son devoir ; la crainte du renversement de sa fortune & d'un châtiment trop justement merité, met un frein à ses emportemens. Mais bien-tôt, ingenieux à se tromper soi-même, il invente des raisons pour excuser son audace. Sa frenesie augmentant de jour en jour, il s'accoutume insensiblement à ses projets criminels. La passion violente & réciproque qu'Ima a conçu pour lui acheve de l'aveugler. Il ose accepter un rendez-vous dans l'apartement de la Princesse ; il y passe la nuit.

Les justes frayeurs d'Eginhart recommençant à l'agiter, vers le point du jour il veut se retirer. Mais quel est son étonnement ? Il aperçoit la terre couverte de nége ; il craint que la trace de ses pas ne découvre son crime ; il communique son embaras à Ima. Les femmes ordinaire-

ment ont l'esprit vif & fécond en ex-
pédiens. La Princesse ne fut pas long-
tems à trouver celui-ci. Elle charge son
amant sur son dos & traverse ainsi toute
la Cour, sur laquelle étoit l'apartement
de l'Empereur. Autre accident ; Charlemagne travaillé d'insomnie pendant
cette même nuit, avoit mis la tête à la
fenêtre de grand matin pour prendre
l'air. Il est témoin de la courtoisie extraordinaire de sa fille ; il voit cette Princesse délicate, comme un autre Enée,
plier sous le fardeau d'un nouvel Anchi-
se. Il est saisi d'étonnement & de colere ;
mais sa prudence retenant sa fureur, il
garde le silence, il laisse Ima s'en retour-
ner tranquilement après son expédition.

Quoique cette historiette semble ne
regarder pas mon sujet, elle est cependant si singuliere, que quelqu'un pouroit
me savoir mauvais gré si je n'en donnois
pas le dénouëment en deux mots. Le voici : Charlemagne fait assembler son Con-
seil ; il expose le fait, sans y rien dégui-
ser ; il demande le parti qu'il doit prendre. La pluralité des voix se réunit à le
suplier de vouloir bien décider lui-même
cette question si embarassante. L'Empereur comprenant qu'en punissant Eginhart, il augmenteroit plutôt la honte de
sa maison, qu'il ne la diminuëroit, con-

clut à la couvrir du voile de l'hymenée. Il ordonne qu'on fasse entrer le galant temeraire ; il lui dit, pour récompenser vos longs services : *Juri vestro nuptum tradam meam filiam, vestram scilicet portatricem, quæ quandoque altè succincta vestræ subvectioni satis se morigeram exhibuit.* La Princesse est mariée sur le champ à Eginhart avec une dot considerable.

Le succès inesperé des amours d'Eginhart & d'Ima ne diminuë point la bizarrerie affreuse de leur passion mutuelle. Un Sujet avoir l'impudence d'attenter à l'honneur de la fille de son Souverain, & d'un Souverain tel que Charlemagne ! Une Princesse telle qu'Ima, destinée par sa naissance à porter le Sceptre & à commander à une partie de l'Univers, s'avilir jusqu'au point de devenir la complaisante criminelle d'un Secretaire de son pere ! Quel aveuglement énorme ! Mais, c'est une des extravagances de l'Amour. Ce tyran brutal & inconsideré est ennemi de l'ordre & de la subordination ; il semble prendre plaisir à confondre tous les rangs & tous les états ; toutes ses actions ne paroissent tendre qu'à contrequarrer le bon sens & à brusquer la raison ; en un mot, à mettre l'homme pour le moins au niveau de la brute. C'est

ce que le joyeux Maître Clement nous
va dire dans l'Epigramme suivante.

> Les Cerfs en rut pour les Biches se battent ; *Marot*
> Les Amoureux pour les Dames combattent. *Tom. 2.*
> Un même fait engendre leurs discords , *p. 357.*
> Les Cerfs en rut d'amour brament & crient ,
> Les Amoureux gémissent , pleurent, prient ;
> Eux & les Cerfs feroient de beaux accords.
> Amans sont Cerfs à deux pieds sous un corps,
> Ceux-ci à quatre. Et pour venir aux têtes ,
> Il ne s'en faut que ramures & cors ,
> Que vous , Amans , ne soyez aussi bêtes.

C'est encore ce que la Fontaine a in-
genieusement exprimé sur la fin de sa
Fable du Lion amoureux , qui pour plaire à sa belle eut la sotise de se laisser limer
les dents & rogner les griffes.

> Amour, amour, quand tu nous tiens ,
> On peut bien dire adieu prudence.
> Par tes conseils ensorcellans
> Ce Lion crut son adversaire.
> Helas ! comment pourois-tu faire
> Que les bêtes devinssent gens ,
> Si tu nuis aux plus sages têtes ,
> Et fais les gens devenir bêtes.

Les Anciens donnoient des aîles à *Quatrié-*
l'Amour, pour nous marquer son incon- *me Sym-*
stance & sa legereté. Que peut-on con- *bole de*
cevoir en effet de moins stable que cet- *l'Amour.*
te passion ? un regard la fait naître, une
imagination la détruit. Aujourd'hui vi-
ye , ardente , enflâmée ; demain lan-

guissante, foible, mourante.

Representons-nous, s'il se peut, l'état d'un cœur subjugué par ce Tyran. Que d'affections differentes ! Que de mouvemens oposez ! Que de fureurs contradictoires l'agitent tour à tour ! On y voit un flux & reflux incomprehensible, & presque subit d'esperance & de craintes, de satisfactions & de dépit, de tranquilité & de colere, de chants d'allegresses & de plaintes lugubres, de caresses & de reproches, d'adorations & de menaces ; disons tout, d'amour & de haine. C'est une mer orageuse où tous les vents successivement souflant de chacun leur côté, & quelquefois dans le même instant, semblent vouloir donner une vive image du cahos.

C'est cette volubilité de crises convulsives, si fréquentes dans un cœur amoureux, que Terence peint admirablement bien. En Amour, dit Parmenon à Phedrie son jeune maître passionné pour la Courtisanne Thaïs ; en Amour il y a des injures, des soupçons, des querelles, des ruptures. Aujourd'hui la guerre, demain la paix. De sorte que si vous prétendez que ces déreglemens puissent se regler par la raison, c'est comme si vous vouliez accorder le bon sens avec la folie. Quant à la pensée que le dépit vous in-

Eunuq. Act. I. Scen. I.

pire : quoi, dites-vous , moi, je rever-
rois cette ingrate, qui favorife mon ri-
val, qui me maltraite, qui me refufe fa
porte ! Non, plutôt mourir que de ne
m'en pas venger ; je lui ferai bien voir
qui je fuis. *Mori me malim, fentiet qui
vir fiem.* Avec tout cela, Monfieur,
la moindre larme que jettera cette rufée,
à force de fe froter les yeux, éteindra tout
le feu de votre colere. Et vous-même
blamant votre procedé , vous ferez le
premier à vous foumettre à tel châtiment qu'elle exigera.

Hac verba una mehercule falfa lachri-
    mula,
Quam oculos terendo mifera vix ex-
    prefferit,
Reftinguet , & te ultro accufabis &
    dabis ei
Ultrò fupplicium.

Mais je fupofe que ces fermens foient
finceres, que ce dégoût foit réel ; en un
mot, que la rupture foit effective. Ne
penfez pas que ce cœur fi mécontent
de fon premier Amour, renonce à cette paffion ; il ne fait que changer d'objet. Le fouvenir de fes malheurs paffez,
eft une efpece d'engagement pour tenter
de nouvelles fortunes. C'eft un Pilote
obftiné , qui aujourd'hui battu par la

tempête, cherchera dès demain à se remettre en mer. C'est un chien, pour me servir de l'idée de Perse, qui charmé de sa liberté, s'enfuit de la maison de son maître ; mais qui traînant après lui un morceau de sa chaîne, n'en est que plus aisé à reprendre & à remettre en captivité.

Perse Sat.
5.

Nec tu, cum obstiteris semel, instantique negaris
Parere imperio, rupi jam vincula dicas.
Nam & luctata canis nodum abripit : attamen illi
Cum fugit, à collo trahitur pars longa catena.

Disons enfin que quand bien-même deux cœurs épris l'un pour l'autre des fureurs de l'Amour, ne se donneroient aucun sujet legitime de mécontentement, leurs liens pour cela n'en seroient pas plus durables, ni leur flâme plus constante. La vertu seule soutenuë par la Grace, peut former des unions solides & des chaînes permanentes. L'Amour charnel au contraire étant de sa nature une passion fougueuse, aveugle, violente, ne peut pas long-tems subsister : *Omne violentum non durabile*, disent les Philosophes. C'est un flambeau ardent

dent qui fe confume de foi-même. Ce
qui le nourrit pendant quelque tems,
caufe infailliblement fa deftruction. Il
faut donc être bien dupe & bien infenfé,
pour compter fur la ftabilité de pareils
engagemens, & fur les promeffes qu'on
fait de les rendre éternels. Rien de plus
commun que les parjures en cette matiere, & c'eft avec beaucoup de juftice
que quelqu'un a dit :

> Gardez-vous bien jeunes bergeres ,
> Des propos affectés que tiennent les Amans :
> Leurs fermens font écrits fur des feuilles le-
> geres ,
> Qu'emportent les plus foibles vents.

Le cinquiéme fymbole dont les Anciens fe fervoient pour caracterifer l'A-
mour, étoit une torche ardente qu'ils
lui mettoient à la main , pour faire
comprendre que c'eft un incendiaire
cruel, qui met tout l'Univers en com-
buftion. Les Ecrivains de tous les fiécles
fe font réunis pour reprefenter la paffion
amoureufe fous l'embleme d'un feu violent, d'une flâme dévorante , qui péné-
trent jufqu'aux moëles, brûle & confume tous les fujets aufquels elle s'attache.
Les Auteurs facrés en ont eu la même
idée, & s'en font expliqués à peu près
de la même façon. C'eft pour cela que
le grand Apôtre, parlant des personnes

Cinquiéme
Symbole de
l'Amour.

E

ausquelles le Seigneur n'a pas accordé le don de continence , leur conseille de recourir au mariage , parce que , dit-il , il vaut mieux se marier que de brûler. *Quod si non se continent , nubant : meliùs est enim nubere quàm uri.*

Ces brûlures de l'Amour ont toujours paru si dangereuses & si cruelles , que pour en guerir , l'antiquité payenne a recouru aux remedes les plus violens. Tel fut entr'autres le saut perilleux de Leucade , dont les Historiens & les Poëtes ont tant fait de bruit.

Leucade , selon Strabon , étoit un Promontoire dans une Peninsule voisine de l'Acarnanie. Une ancienne tradition assuroit que Jupiter autrefois tourmenté par la passion violente qu'il avoit conçu pour Junon encore rebelle à ses desirs , s'alloit asseoir de tems en tems sur le Promontoire , & qu'aussitôt il étoit soulagé. Ceci donna lieu par la suite aux personnes amoureuses de l'un & de l'autre sexe de s'aller guinder sur la pointe de ce roc & de se précipiter de-là dans la mer , pour éteindre par cette dangereuse cabriole les flâmes qui les devoroient : *Saltus quo finiri amores creditum est ,* dit Scaliger.

Il est certain que si le mal étoit cuisant , le remede n'étoit gueres moins à craindre, puifque, comme il eft aifé de le comprendre, on y couroit très-grand rifque de la vie. Il n'eft permis qu'aux Icares & aux Alards de tenter de pareils fauts ; encore les cataftrophes de ces temeraires nous aprennent-elles qu'ils font toujours très-dangereux.

Quoiqu'il en foit, quantité d'Auteurs ont parlé de ce terrible remede d'amour. Ils femblent même infinuer, qu'il s'eft trouvé plus de femmes que d'hommes qui ont eu recours à cette cabriole éveillée. Eft-ce parce que ce fexe eft naturellement plus fenfible & plus tendre que l'autre ? Eft-ce parce que les hommes fe foucient moins de réfifter à l'amour que les femmes ? C'eft ce que je n'ai point entrepris de décider.

Parmi les Sauteurs & les Sauteufes de Leucade, dont Photius donne une lifte affez ample, & entre lefquels, dit-il, les uns guérirent, au-lieu que les autres y perdirent la vie, on trouve la fameufe Sapho. Cette femme extraordinaire nâquit à Mitilêne dans l'Ifle de Lefbos. Elle vivoit du tems d'Alcée & de Steficore, en la quarante-deuxiéme Olympiade, fix cens ans avant Jefus-Chrift ; elle compofa grand nombre d'Odes, d'Epitalames, d'Elegies, d'Epigrammes, &c. tous fes ouvrages avoient

Apud Photium Biblioth. num. 191

Straben. l. 13.

E 2

des graces si naturelles & si touchantes,
qu'on l'apella la dixiéme Muse. Strabon
la regarde comme une merveille ; selon
lui, jamais femme ne l'a suivie que de
fort loin en matiere de Poësie.

Cependant avec un genie si superieur,
la pauvre Sapho ne put garantir son cœur
des traits embrasés de l'amour. Elle con-
çut une passion des plus violentes pour
Phaon de l'Isle de Lesbos. Ce Narcisse fit
le rencheri & le cruel, il méprisa les sou-
pirs de la savante Lesbienne. Un affront
si humiliant la porta à chercher toutes les
voies de se guerir ; elle fut à Leucade ;
elle y fit courageusement la gambade
formidable, & s'en trouva très-bien.

Venus, pour oublier son Adonis,
qu'un sanglier avoit mis en pieces, & de
l'amour duquel elle ne pouvoit guerir son
cœur, eut recours au même remede. La
tendre Calyce en fit autant pour l'ingrat
Evathlus. Et Deucalion entêté des beaux
yeux de Pyrrha, qui ne le pouvoit souf-
frir, vit après avoir fait ce saut périlleux
de Leucade, un changement extraordinaire. Il cessa d'aimer Pyrrha, & Pyrrha
devint folle de lui.

Hinc se Deucalion Pirrhæ succensus
amore,
Misit, & illæso corpore pressit aquas.

Nec mora, verſus amor tetigit lentiſ-
ſima Pirrhæ
Pectora , Deucalion igne levatus
erat.

C'eſt Ovide qui nous aprend cette cu-
re merveilleuſe. S'il la croyoit réelle, que
n'avoit-il le courage d'uſer du même remede, afin de pouvoir éviter les charmes
de la fille d'Auguſte ? il ſe ſeroit épargné
tous les chagrins, les ennuis & les tour-
mens qu'il fut obligé de ſouffrir dans ſon
exil de l'Helleſpont.

Que ces faits & une infinité d'autres
de même eſpece raportés par un nombre innombrable d'Ecrivains de l'antiquité & des derniers tems, ſoient vrais
ou faux, c'eſt ce que je ne m'arrêterai
pas à diſcuter. Une choſe dont je ſuis
bien perſuadé, c'eſt que le ſaut de Leucade, tout hardi & tout périlleux qu'il
étoit, ne pouvoit avoir aſſez d'efficacité
par lui-même pour éteindre radicale-
ment les flâmes de l'amour impur chez
ceux qui avoient le bonheur de n'y pas
pas périr. On peut aſſûrer la même choſe
des eaux de cette fameuſe riviere d'A-
chaïe, dont les Anciens ont auſſi racon-
té tant de merveilles. Je veux parler de
la riviere de Selemnus.

Les Poëtes diſent qu'autrefois la Nym-

E 3

phe Argyra fut si éprise des charmes du Berger Selemnus, que tant qu'il fut jeune elle sortoit du fond de la mer, pour aller lui faire part de ses faveurs. Chaque année ôtant à Selemnus quelqu'une de ses graces, la Déesse se ralentit & cessa enfin de l'aller chercher lorsqu'il fut vieux. Le Berger en mourut de douleur ; & Venus le changeant en riviere, elle donna à ses eaux la merveilleuse proprieté de faire oublier l'objet de leur amour aux personnes qui s'y baignoient de quelque sexe qu'elles fussent.

Fadaises poëtiques ; si l'eau de Selemnus, dit Pausanias, avoit cette vertu, elle seroit préferable aux liqueurs les plus précieuses & à toutes les richesses du monde : *Quod nisi commentitium esset, quantavis pecuniâ videri posset ea solemni aqua pretiosior.* On en iroit chercher de toutes les parties de l'Univers ; bien-tôt on en tariroit la source.

Encore une fois tous ces remedes imaginaires du Paganisme n'étoient sûrement qu'onguent mitonmitaine contre les brûlures de l'amour. Je ne suis point surpris de lire dans Pline que les Hirpes, certaines familles au Païs des Falisques proche de Rome, se donnassent en spectacle à certain jour de l'année, en marchant nuds pieds sur des brasiers ardens fans fe brûler. Je comprens avec Varron que ces fourbes avoient l'adreffe de fe froter la plante des pieds de quelque liqueur qui fufpendoit l'activité du feu : *Eo, uti folent Hirpini*, dit-il, *ambula-turi per ignem medicamento plantas ungunt.*

Cela n'eft pas incomprehenfible à beaucoup près ; mais le feu de l'Amour eft d'une toute autre efpece , que ce feu materiel contre l'action duquel les Hirpes pouvoient avoir des effences d'une grande efficacité. Celui-ci ne fe peut éteindre par des remedes pure-ment naturels. Il n'eft ni baume, ni pou-dre, ni fimple, dont il ne brave les mer-veilleufes proprietés.

Me miferam , quòd amor non eft me-dicabilis herbis !   Epift. ad Parid.

difoit Ænone à fon volage Paris. La ré-fiftance ne fait fouvent qu'augmenter fon activité. Plus on differe à l'éteindre, plus fa violence redouble ,

Vires acquirit eundo.

Il ne faut pas moins que l'effort tout-puiffant de la Grace de Jefus-Chrift, pour en venir à bout. C'eft ce qui fait dire à S. Bernard, *que la converfion de la Madeleine n'a pas été moins mira-*

culeuſe que la réſurrection du Lazare.

Sixiéme
Symbole de
l'Amour.

Le ſixiéme ſymbole , par lequel les Payens avoient coutume de caracteriſer leur Cupidon , étoit le carquois, l'arc & les fléches dont il étoit continuellement armé. Ces traits acerez & cet arc meurtrier, marquoient évidenment l'humeur cruelle & ſanguinaire de cette fauſſe Divinité. En effet, ſi l'on peſe attentivement les grandes révolutions qui ſont arrivées ſur la terre depuis qu'elle eſt ſortie du néant , je ne ſai ſi l'on ne trouvera pas que l'amour ſeul a plus fait verſer de ſang que toutes les autres paſſions réunies enſemble.

Voulez-vous ſavoir, dit Ariſtophanes, quels ont été les boutefeux de ces guerres horribles , qui par trois fois ont mis la Grece en combuſtion ? Trois femmes d'une vertu fort au-deſſous de la médiocre.

Initium belli prorupit Univerſis Græcis ob tres meretriculas.

Il veut parler de Simœte , d'Aſpaſie & d'Helene. C'eſt pour cela qu'un Moderne fait cette judicieuſe réflexion. Quel plus funeſte poiſon que l'Amour : ſi trois ou quatre perſonnes avoient voulu ſe comporter chaſtement, ils euſſent épargné la vie à deux ou trois cens mille .

hommes, foit Grecs, foit Troyens.

Quand on voudra aprofondir les motifs d'une infinité de Guerres aufli cruelles & plus récentes que celles dont nous venons de parler, on trouvera que fi l'Amour n'en a pas toujours été le premier mobile, au-moins s'y eft-il prefque toujours fouré pour quelque chofe. Combien de peuples tourmentés par les fureurs de Bellone auroient pu dire avec juftice ces paroles de Drance :

Scilicet ut Turno contingat regia con-
　　jux,
Nos animæ viles, inhumata, infleta-
　　que turba,
Sternamur campis.

Æn. l. 11.

Que fi de ces objets de l'horreur publique nous décendons aux querelles particulieres, combien en trouverons-nous dont l'Amour a été le feul inftigateur ? Combien de fois ce tyran furieux a-t-il armé le voifin contre fon voifin ; le parent contre fon parent ; l'ami contre fon meilleur ami ? Combien de fang la feule jaloufie a-t-elle fait verfer ? Que de poifons, que de meurtres, que d'aflaflinats ! N'a-t-on pas vu cent & cent fois l'Amour conduire fes efclaves à tous les genres de crimes, & de-là à toutes les efpeces de fuplices les plus ignominieux ?

Quel monstre furieux est-ce que celui-ci ! tous les tems lui sont propres
pour exercer ses cruautés & ses brigan-
dages. Un peuple est-il en guerre, l'A-
mour, l'infame Amour porte le soldat
effrené aux viols , aux incestes & à mille
autres abominations. Ce peuple fait-il la
paix ; tout victorieux qu'il est & chargé
de dépouilles de ses ennemis , il ne cesse pas pour cela d'être la victime de l'A-
mour, qui jamais ne met les armes bas.
Ce tyran le trouvant dans l'oisiveté & la
molesse , le plonge dans les impuretés les
plus honteuses , sources de mille guerres intestines. C'est ce que Juvenal, parlant des Romains triomphateurs de l'U-
nivers , exprime admirablement dans les
deux Vers suivans :

Juven. Sat.
6.

Nunc patimur longæ pacis mala , sæ-
vior armis
Luxuria incubuit , victumque ulcisci-
tur orbem.

Qu'on ne s'imagine pas pouvoir trouver quelque barriere , quelque digue ,
quelque rampart qui puisse absolument
mettre à couvert des fléches de l'Amour;
tout est de bonne prise pour lui : *Non*
hospes ab hospite tutus. Ses traits empoisonnez , peuvent se faire jour par-tout.
Le vieillard sous ses cheveux gris, le mi-

niſtre honoré des emplois les plus reſpectables , le reclus dans la ſolitude la plus
affreuſe, ne ſont point à l'abri des bleſ-
ſûres mortelles de cet enfant perfide.
C'eſt Aſmodée ſur-tout qui ſait ſouvent
ſe transformer en Ange de lumiere & af-
fecter l'exterieur de la vertu même, pour
tâcher de ſurprendre les plus vertueux.
Il n'eſt point de moyen ſi ſpécieux & ſi
impoſant dont il ne ſe ſerve pour arriver
à ſon but. On l'a quelquefois vu pour
venir à ſes fins, employer le langage de
la Theologie la plus miſtique & la plus
illuminée. Molinos , les Quietiſtes de
Bourgogne, &c. en ont été des exemples
parlans.

C'eſt pour cela que M. Nicole , dans
ſes admirables Eſſais de Morale , avertit
tacitement les perſonnes employées aux
fonctions les plus éminentes & les plus
ſacrées , de ſe tenir continuellement ſur
leurs gardes de ce côté-là. La converſa-
tion des femmes , dit-il , eſt dangereuſe
pour tout le monde ; l'on n'en doit pas
excepter les plus réglées , les plus hon-
nêtes & les plus incapables d'inſpirer ou
de recevoir ce que l'on aprehende de ce
commerce..... Les femmes , dit-il encore , ſont ſemblables à la vigne , elles ne
ſauroient ſe tenir debout ni ſubſiſter par
elles-mêmes. Elles ont beſoin d'un apui

encore plus pour l'esprit que pour le corps ; mais elles entraînent souvent cet apui & le font tomber.... Il y a, dit-il en un autre endroit, une galanterie spirituelle, aussi-bien qu'une sensuelle, & si l'on n'y prend garde, le commerce avec les femmes s'y termine d'ordinaire.

Enfin, les Payens donnoient pour suite à l'Amour les douleurs, les chagrins, la fiévre, &c. Il n'est personne pour peu qu'il ait l'usage du monde, qui ne doive convenir que ce hideux cortege est ordinairement tout le fruit que retirent de cette passion ceux qui sont assez aveugles pour s'y livrer. Je veux croire que les plaintes des amans sont quelquefois hiperboliques, dit un Moderne, & que souvent ils ne meurent que par métaphore ; mais il faut avoüer cependant que l'Amour est presque toujours pour eux une source inépuisable de malheurs & de miseres.

On a vu des personnes se pendre, parce qu'ils aimoient sans être aimés. Ceux qui ont trouvé du retour, combien ont-ils payé cher leurs faux plaisirs ? On a vu leur raison s'égarer, leurs affaires se déranger, leur fortune se renverser. Quelques - uns ont perdu le boire, le manger, le dormir, la santé, l'esprit, la vie. Quelles crises affreuses, quelles

tranchées cuifantes ne caufe point la jaloufie ! Fondée ou non , c'eft la même
chofe pour celui qui s'y livre. Eft-il état
plus trifte, plus malheureux, plus digne
de compaffion ? Que de chimeres, que
de fantômes, que d'imaginations le per-
fecutent ! Un feu fecret & violent le
mine & le confume. Il fe dévore foi-même. On peut dire en un mot, que l'A-
mour eft à la lettre cette boite funefte de
Pandore , dans le fond de laquelle fe
trouverent toutes les calamités aufquel-
les l'efpece humaine eft fujette ici-bas.

Je conviens qu'il s'en faut beaucoup
que l'Amour paroiffe tel que nous venons de le peindre à ceux qui s'enrôlent
fous fes funeftes étendarts. Ils ne l'envifa-
gent au contraire que fous les dehors les
plus brillans & les plus capables de fé-
duire. Tant que dure l'ébloüiffement,
ils ne trouvent à la fuite de ce tyran
qu'allegreffes, que plaifirs , que délices ;
mais tôt ou tard le charme fe rompt &
ce monftre leur paroît tel qu'il eft. C'eft
fur ce chapitre particulierement que Né-
mefis fait de grandes avances aux jeunes
gens : elle leur prête gracieufement, elle
leur fait credit ; mais elle a foin de leur
faire payer avec ufure dans la vieilleffe la
complaifance cruelle qu'elle a eu pour
eux. La goute, les fciatiques, les para-

lyſies, & mille autres infirmités, ſont les agens impitoyables dont elle ſe ſert pour obliger ſes triſtes débiteurs à s'a-quiter envers elle.

Après avoir caracteriſé autant qu'il a été poſſible cette paſſion brutale qui cau-ſe tant déſordres ſur la terre, & dont il eſt ſi difficile de ſe guerir, lorſqu'une fois on s'eſt livré à ſes ſales fureurs; je croi qu'il eſt à propos de donner quelques préſervatifs, par l'uſage deſquels on peut avec le ſecours du ciel ſe dérober à ſes mortelles atteintes. C'eſt ce qu'on va faire en peu de mots.

Premier Préſerva-tif. Il eſt conſtant qu'un des moïens les plus ordinaires & les plus ſûrs, dont le démon de l'impureté ſe ſert pour faire tomber les jeunes gens dans ſes pieges, eſt la lecture des livres tendres & paſ-ſionnés. C'eſt dans ces ſources empoi-ſonnées qu'une jeune perſonne encore innocente & timide avale à longs traits le venin mortel qui dans la ſuite pro-duit de ſi funeſtes effets. C'eſt là qu'elle reſpire inſenſiblement un air de corruption; c'eſt là que ſon ima-gination naturellement vive & portée au mal, s'échaufe & s'accoutume de plus en plus au déſordre. Il ſemble même que les graces & l'harmonie poëtiques rendent le poiſon que ces ſortes de livres

(63)

renferment, plus subtil & plus conta-
gieux.

On sait assez que les Philis, les Amin-
thes, les Amarillis, pour lesquelles les
Poëtes font tant d'Elegies & de Madri-
gaux amoureux , sont communément
parlant, des maîtresses imaginaires , &
qu'ils ne se servent de ces noms suposez,
que pour donner un sujet fixe à leurs
pensées fines & délicates. Je n'ignore
pas, par exemple, que l'Artenice de Ra-
can & la Rodante de Malherbe , n'é-
toïent pas des objets pour lesquels ils sou-
pirassent réellement ; mais les peintures
qu'ils font des charmes de ces Divinités,
in partibus infidelium , n'en sont pas
moins vives ; les traits dont ils se servent
pour exprimer la violence de leur passion,
quoique feinte , n'en sont pas moins propres à enflâmer le cœur : & par conséquent cette lecture n'en est pas moins
dangereuse , sur-tout pour la jeunesse.

Concluons de - là , 1°. qu'Alcman
Poëte Lyrique , originaire de Lacedemone , qu'on regarde comme le pere de la
Poësie galante ; qu'Anaxandride , Poë-
te comique né à Camyre dans l'Isle de
Rhodes , que Suidas assure avoir mis
le premier sur la scene des avantures
d'Amour ; & qu'enfin tous nos Auteurs
de Romans tendres & d'Historiettes ga-

lantes , ont rendu de très - pernicieux offices à la République. 2°. Que rien n'étant plus commun de nos jours que les ouvrages de cette espece , il ne doit pas paroître étonnant que le libertinage soit si general. 3°. Qu'un des premiers soins que les personnes pieuses & sensées doivent avoir , c'est d'écarter des mains & des yeux de la jeunesse ces livres si dangereux.

Deuxiéme Préservatif. Un second moyen de se dérober aux atteintes impures d'Asmodée , c'est de s'oposer courageusement aux premieres impressions de l'Amour , & de n'attendre pas qu'une passion si tyrannique se soit fortifiée dans le cœur. C'est de cette maladie sur-tout qu'on peut dire avec justice :

Principiis obsta : sero medicina paratur ,
Cùm mala per longas invaluêre moras.

Qu'on ne soit pas assez dupe pour se reposer sur sa vertu passée. Non , le don de continence n'est point un don sur la perseverance duquel on puisse compter ici bas. Vous avez été à l'épreuve de mille objets aimables jusqu'à un âge avancé ; ne vous en tenez pas plus sûr. Pour être invaincu , ne vous croyez pas invincible : vous trouverez peut-être demain

main par hazard dans un voyage , dans
une compagnie, dans un feſtin , l'objet
qui doit vous démonter la tête. Moins
aimable peut-être que beaucoup d'autres auſquels vous avez réſiſté , ſon premier aſpect poura remuer dans votre cerveau certaines fibres que perſonne n'a-
voit ébranlées juſqu'ici , & vous inſpirer
des ſentimens qui vous étoient inconnus.
Si vous ne réſiſtez pas à cette premiere
impreſſion, l'Amour vous fera ſentir tout
ce que ſa ſervitude a de plus cruel.

Biblis n'a d'abord pour Caune que
des ſentimens très - naturels & même
très-legitimes ; mais peu à peu ſon indiſcretion & ſa malheureuſe ſecurité la con- *Ovid. Mé-*
duiſent à des infamies , dont la ſeule idée *tam.*
fait horreur. Une des maximes les plus
pernicieuſes , pour les femmes ſur-tout,
c'eſt de croire qu'elles peuvent quelquefois ſe donner quelque petite licence ſur
cet article , & qu'il eſt de certaines con-
jonctures où il leur eſt permis de negli-
ger en quelque façon les loix ſeveres de
la pudeur. Illuſion pernicieuſe ; l'Amour
eſt un enfant qui mord en riant , & dont
tout eſt à craindre , juſqu'aux civilités &
aux careſſes. C'eſt pour cela que les plus
grands Saints n'ont jamais ceſſé de ſe tenir en garde contre cette tentation. Aux
plus legeres aproches de cette freneſie ils

E

n'épargnoient ni les jeûnes , ni les cilices ,
ni les disciplines ; ils se plongeoient dans
la nége & les étangs glacez ; ils se rou-
loient dans les ronces & les épines : bien
éloignés de s'exposer au nouveau genre de
martyre , dont Roscelin a faussement ac-
cusé le bienheureux Robert d'Arbrissel.

Troisiéme
Préserva-
tif.

En effet , la défiance continuelle qu'on
doit avoir de sa fragilité sur l'article de
l'Amour , doit porter à fuir avec soin
toutes les occasions où la chasteté peut
faire naufrage. Il ne faut quelquefois
qu'un regard indiscret pour tout perdre.
Témoin ce bon Hermite , qui voyant
Brandimard entre les bras de sa chere
Fleurdelys , se trouva si transporté :

Ch'il Breviario gli cade di mano.

Une conversation un peu vive entre
des personnes de different sexe , un at-
touchement qui paroît très-innocent ,
un baiser de pure civilité , peuvent quelquefois produire de pernicieux effets. Ne
me dites pas , je connóis mon temperan-
ment ; je n'ai rien à craindre de pareilles
bagatelles. Le sage Socrate vous répon-
dra que rien n'est plus propre à embraser
le cœur que ces petites privautés: *Nihil
ad amorem intendendum acrius est os-
culo.*

Pourquoi chercher noise avec un en-

nemi auſſi formidable que l'Amour ? Ne
ſavez-vous pas que vous portez le treſor
de la pureté dans un vaſe d'argile, &
que ſelon le Proverbe : *Vas Samium ci-*
tò frangitur. Pourquoi vous expoſer
ſans néceſſité ? Ne cherchez point à ré-
veiller le chat qui dort.

> *Ne moveas Camarinam ; etenim*
> *non tangere præſtat.*

Eraſme
44. Prov.
premiere
Centurie,
premiere
Chiliade.

Vous entrez dans ce cercle avec un
cœur Stoïcien ; peut-être qu'une œilla-
de, dont vous négligerez l'impreſſion,
ou plutôt à laquelle vous répondrez d'a-
bord en badinant, vous forcera de dire
au ſortir de cette maiſon :

> *Ut vidi, ut perii, ut me malus ab-*
> *ſtulit error.*

Virg. E-
glog. 8.

Les ſentimens de religion que vous
avez dans le cœur peuvent vous mettre
à couvert de tous les autres vices. Maître
de vous-même, vous réſiſterez dans l'occaſion aux mouvemens impétueux de la
colere. Le bien d'autrui preſent à vos
yeux n'aura rien qui vous tente. Vous ſe-
rez juſte, bienfaiſant, charitable. Mais
quelque réſolution que vous ayez priſe,
ſi vous êtes aſſez temeraire pour vous expoſer aux traits de l'amour, il eſt infiniment à craindre que vous n'en ſoyez per-

cé, & qu'on ne dife de vous ainfi que de
Didon :

Huic forfan potuit fuccumbere culpa.

N'oublions pas de mettre au nombre
des occafions les plus dangereufes le commerce des perfonnes libertines , quoique
de même fexe. Une experience trop fre-
quente aprend que, communément parlant , il n'eft point de femme fi vertueufe
que la frequentation d'une coquette ou
d'une femme galante ne puiffe porter au
dérangement , & cela fouvent en fort peu
de tems.

Ici je ne puis m'empêcher de rendre
hommage à une illuftre Italienne , qui
par fa fageffe & fa prudence en ce genre,
a rendu fon nom immortel. Je veux parler d'Eleonor de Gonzague , fille de Fran-
çois II. Marquis de Mantouë , & femme
de François-Marie de la Roüere , Duc
d'Urbin , au feiziéme fiécle.

Cette Dame , d'une vertu exemplaire,
ne voulut jamais avoir le moindre commerce avec les femmes de condition dont
la réputation étoit mauvaife ; elle les faifoit même chaffer honteufement de fes
terres. Elle faifoit punir avec la derniere
feverité celles qui par leurs confeils ou
par leurs mauvais exemples , avoient entraîné leurs voifines dans le crime.

Que ce remede seroit néceſſaire aujourd'hui
pour arrêter le torrent de l'incontinence. C'eſt
l'impunité qui fait que cette contagion aug-
mente de jour en jour. Une femme de naiſſance, quelque libertine qu'elle ſoit, ne ſe voyant
pas moins fetée, & trouvant toujours accès dans
les maiſons même les plus vertueuſes, perſiſte,
dans ſes deſordres, & par ſon exemple elle en
corrompt mille autres. Au-lieu que ſi elle ſe
voyoit abandonnée des perſonnes de ſon rang,
pour peu qu'il lui reſtât de ſenſibilité, la confu-
ſion lui feroit ouvrir les yeux. Oui, la douceur
& la politeſſe en pareil cas, ſont des défauts con-
damnables. Des Souverains du caractere d'E-
leonore de Gonzague pouroient peut-être faire autant de bien en cette occaſion que les Pré-
dicateurs les plus habiles & les Miſſionnaires les
plus zélés.

Un quatriéme moyen abſolument néceſſaire
pour ſe pouvoir dérober au poiſon de l'Amour,
c'eſt la ſobrieté. L'Apôtre S. Jacques le nomme
le premier. *Mes freres, ſoyez ſobres*, dit-il, &c.
Ce n'eſt pas ſans raiſon que quelques Anciens
ont aſſuré que la ſale Déeſſe de Paphos avoit
choiſi Bacchus pour ſon Ecuyer. Il eſt, en effet,
de publique notorieté que la gourmandiſe &
l'impureté ſont deux compagnes preſqu'inſe-
parables. Un eſtomac rempli de mets ſuccu-
lens & de vins exquis, envoye vers le cerveau
d'épaiſſes fumées, qui, par un mécaniſme fa-
cile à comprendre, ne peuvent produire que
des effets très-contraires à la chaſteté. C'eſt
pour cela qu'Euripide diſoit : *Saturis adeſt Ve-*
nus, non eſurientibus : & Tertullien, *per Eda-*
citatem ſalacitas tranſit.

Il ſe trouve une ſi grande connexité entre
ces deux vices, que le même Tertulien ne fait
pas difficulté d'aſſurer, qu'un impudique ſobre

Quatrié-
me Pré-
ſervatif.

seroit une espece de monstre incomprehensible: *Monstrum haberetur libido sine gula.* Les viandes nourrissantes, les morceaux friands & délicats, selon S. Jerôme, sont les graines de l'impureté: *Esus carnis, seminarium libidinis.* Plus ce régime de vivre rend le teint frais, le visage fleuri, le corps fort & robuste, plus il rend la vertu débile & chancelante; de sorte qu'on peut dire avec justice à une personne curieuse de maintenir ainsi son embonpoint par une nourriture délicieuse: *Infelix tua te vit perdet.*

Doit-on donc s'étonner de ce que l'empire de Venus s'est si fort accru de nos jours, lorsqu'on envisage jusqu'à quel point on a porté la recherche & la profusion dans les tables du grand monde. Que peut-on penser de la vertu de certaines femmes, qui ne rougissent point aujourd'hui dans des festins publics de disputer aux cavaliers, l'honneur de bien sabler les vins les plus fumeux, d'avaler à longs traits les liqueurs les plus vives & les plus brûlantes? Qu'auroient dit nos Anciens, s'ils avoient été témoins de pareils spectacles? De quel œil auroient-ils regardé de semblables combats, eux qui nommoient le vin, le lait de Venus, & qui regardoient la bouteille comme le grand reveil-matin de Cupidon?

Cinquiéme Préservatif. Un des meilleurs moyens encore pour se garantir des flâmes cruelles de l'impureté, c'est de chercher continuellement à s'occuper. Il y a long-tems qu'on a dit, que l'oisiveté est la nourrice de la luxure; & que la vie laborieuse au contraire est la mere de la chasteté.

2. Reg. 11. Qui fut en effet la premiere cause de cet adultere qui suscita tant de malheurs à David, & qui lui fit verser tant de larmes? L'oisiveté. Dans la saison que les Princes ont coutume de

fe mettre en campagne , dit l'Ecriture, celui-ci
refta dans fon palais ; là défoccupé , il eft épris
des charmes de Berfabée , il la féduit , il l'en-
leve à fon époux ; & pour cacher ce crime , il
en commet un fecond plus énorme encore que
le premier. Tous ces défordres à la lettre , font
les funeftes fruits de l'oifiveté. *Multam mali-
tiam docuit otiofitas.*

Qu'on cherche tant qu'on voudra des anti-
dotes naturels contre le démon de la luxure ,
je fuis perfuadé qu'on n'en trouvera point de
plus efficaces que l'affiduité au travail. Ce démon, par exemple , eft ordinairement pris pour
dupe avec un homme de Lettres , qui enfeveli
dans l'obfcurité de fon cabinet , s'occupe tout
entier d'un ouvrage qu'il medite. Pourquoi les
perfonnes de la lie du peuple font-elles à beaucoup près moins tourmentées des fureurs de
l'Amour , que les riches & les grands de la terre ? C'eft que ceux-ci languiffent continuellement fous le pefant fardeau de n'avoir rien à
faire , & que les autres font fans ceffe accablés
de travaux , qui leur donnent à peine le tems
de refpirer. Voici ce que dit Ovide :

Otia fi tollas , periêre cupidinis arcus.

De reme-
dio amoris.

Enfin le préfervatif le plus fpecifique contre
cet ennemi formidable , c'eft la priere frequen-
te , humble , fervente , par laquelle le chrétien
convaincu de fa malheureufe fragilité , met
tout fon efpoir dans le fecours de fon Dieu ;
de ce Dieu dont la voix eft fi fouverainement
refpectée dans toute la nature ; qui fait ouvrir
ou fermer à fon gré les portes de l'abime , qui
domptant fans effort les élemens les plus im-
petueux , calme quand il lui plaît les flots & les
tempêtes ; qui privant le feu de fon activité na-

Sixiéme
Préferva-
tif.

rarelle, sçut conserver sains & saufs les trois en-
fans d'Israël au milieu de la fournaise embrasée.

Ouï, votre grace adorable, ô mon Dieu! est
le seul bouclier impenétrable aux traits empoisonnez du démon de l'impureté ; elle seule peut
nous mettre à couvert de ses assauts petulens.
C'est pour cela que nous ne devons jamais ces-
ser de vous dire avec le Roi Prophete : " Pené-
» trez, Seigneur, penétrez nôtre chair rebelle
» de cette crainte filiale & salutaire, qui fait
» les vrais continens : *Confige timore tuo car-*
» *nes meas.* Purifiez vous-même des cœurs que
» vous avez daigné choisir pour votre demeu-
» re : *Cor mundum crea.* Nous employerions
» en vain tous les secrets de la prudence humai-
» ne pour conserver cette cité que vous avez
» bâtie de vos propres mains, si vous ne la pre-
» nez sous votre sauve-garde : *Nisi Dominus*
» *custodierit civitatem, frustra vigilat qui cu-*
» *stodit eam.*

F I N.

VU & permis d'imprimer. A Rouen ce
26 Décembre mil sept cens vingt-neuf,
Signé , DE HOUPPEVILLE.

10.
20.

27.